colegio - duɗal	2
viaje - ɗannaade	5
transporte - yangarta	8
ciudad - wuro	10
paisaje - satto	14
restaurante - restoraaŋ	17
supermercado - duggere	20
bebidas - njarameeje	22
comida - ñamri	23
granja - ngesa	27
casa - galle	31
living - saal	33
cocina - waañ	35
baño - lootorde	38
cuarto de los chicos - suudu suka	42
ropa - ɓoornogol	44
oficina - gollorde	49
economía - faggudu	51
ocupaciones - golle	53
herramientas - kuutorɗe	56
instrumentos musicales - pijirɗe	57
zoológico - nehirde kulle	59
deportes - cofte ɓalli	62
actividades - golle	63
familia - ɓesngu	67
cuerpo - ɓandu	68
hospital - safrirdu	72
emergencia - heñorde	76
Tierra - Leydi	77
reloj - waktu	79
semana - yontere	80
año - hitaande	81
formas - ɓalli	83
colores - sifaaji	84
opuestos - ceeri	85
números - pinɗe	88
idiomas - ɗemɗe	90
quién / qué / cómo - holoon / holɗuum / holnoon	91
dónde - holtoon	92

Impressum
Verlag: BABADADA GmbH, Nedderfeld 112 , 22529 Hamburg
Geschäftsführer / Verlagsleitung: Harald Hof
Druck: Books on Demand GmbH, In de Tarpen 42, 22848 Norderstedt

Imprint
Publisher: BABADADA GmbH, Nedderfeld 112 , 22529 Hamburg, Germany
Managing Director / Publishing direction: Harald Hof
Print: Books on Demand GmbH, In de Tarpen 42, 22848 Norderstedt

colegio
duɗal

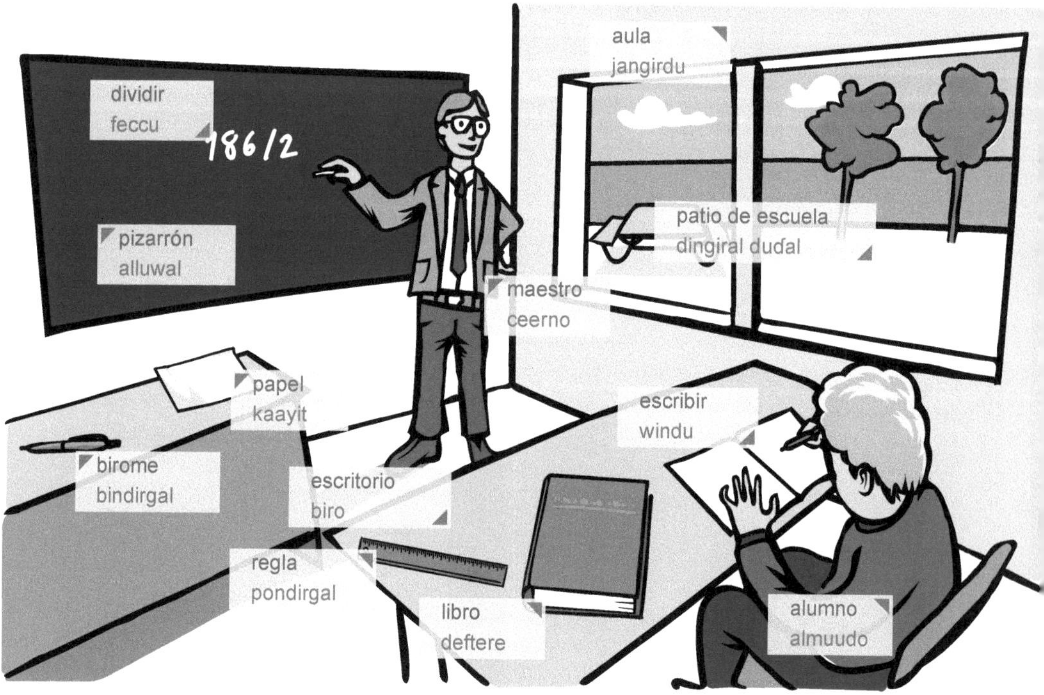

aula
jangirdu
dividir
feccu
186/2
pizarrón
alluwal
patio de escuela
dingiral duɗal
maestro
ceerno
papel
kaayit
escribir
windu
birome
bindirgal
escritorio
biro
regla
pondirgal
libro
deftere
alumno
almuudo

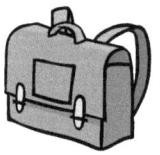

mochila

sakosel

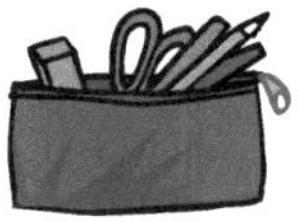

caja de lápices

suudu kuɗol

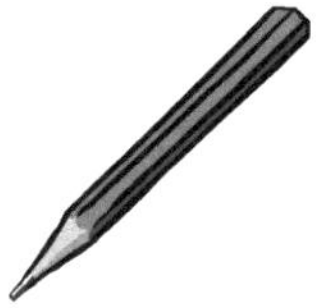

lápiz

kuɗol

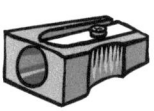

sacapuntas

ceeɓnoowo kuɗol

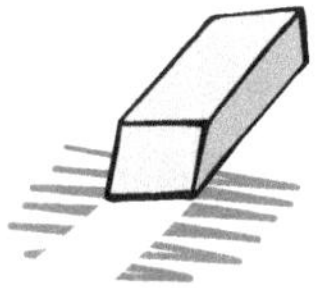

goma (de borrar)

momtirgal

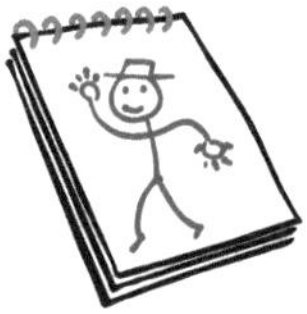

bloc de dibujo

nokku diidirɗo

dibujo
diidgol

pincel
diidirgal

caja de pinturas
suudu diidordu

tijera
sisooje

pegamento
kol

cuaderno de ejercicios
deftere softinorde

tarea
coftinogol

número
tongoode

sumar
beydu

restar
ustu

multiplicar
hebbin

calcular
lim

letra
bataake

abecedario
hijju

palabra
kongol

texto
windande

leer
jangu

tiza
bindirgal

lección
darsu

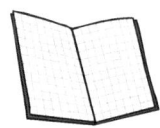

cuaderno de clase
windaade

examen
ÿeewtogol

certificado
ijaazi

uniforme escolar
wutte janjirɗo

educación
jande

enciclopedia
ɗowitorde mawnde

universidad
jaaɓi haatirde

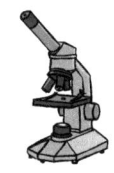

microscopio
mokoroskop

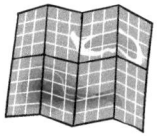

mapa
wertaango

tacho (de basura)
siwo mbalis

viaje
ɗannaade

hotel
otel
Grand
hostel
hoɗirdu
ROOMS
casa de cambio
nokku beccirɗo
EXCHANGE
valija
woliis
auto
oto

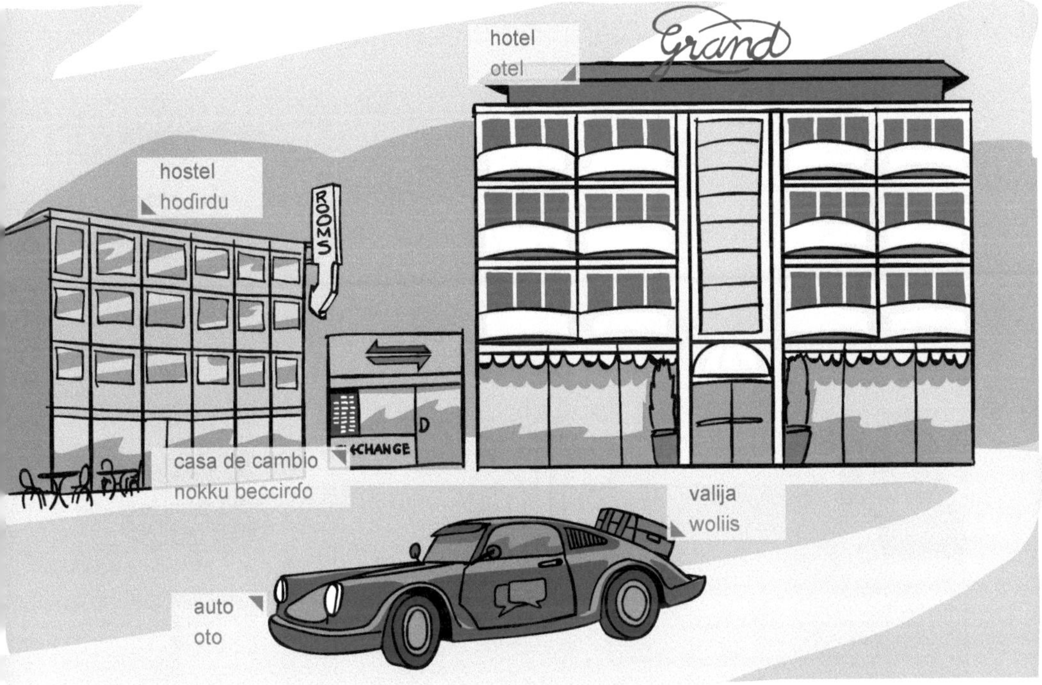

idioma

ɗemngal

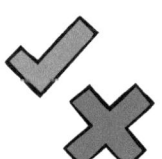

sí / no

ey / ala

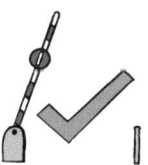

Está bien

Eyyo

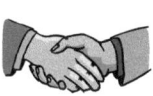

hola

mbaɗɗa

traductor

pirtoowo

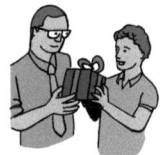

Gracias

jaraama

¿cuánto cuesta...?

hono foti...?

No entiendo

mi faamaani

problema

satteende

¡Buenas tardes!

jam hiiri

¡Buenos días!

jam waali

¡Buenas noches!

jam waal

adiós

baay baay

dirección

ngardiindi

equipaje

kaake

bolso

saak

mochila

saak bakke

invitado

koɗo

habitación

suudu

bolsa de dormir

saak ɗaanorɗo

carpa

taanta

información turística

kabaaru jillotooɗo

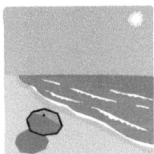

playa

palaaz

tarjeta de crédito

kartal keredii

desayuno

kasitaari

almuerzo

bottaari

cena

hiraande

pasaje

tikkett

ascensor

suutde

sello

tembere

frontera

keerol

aduana

soodooɓe

embajada

ambasaat

visa

wiisa

pasaporte

paaspoor

transporte

yangarta

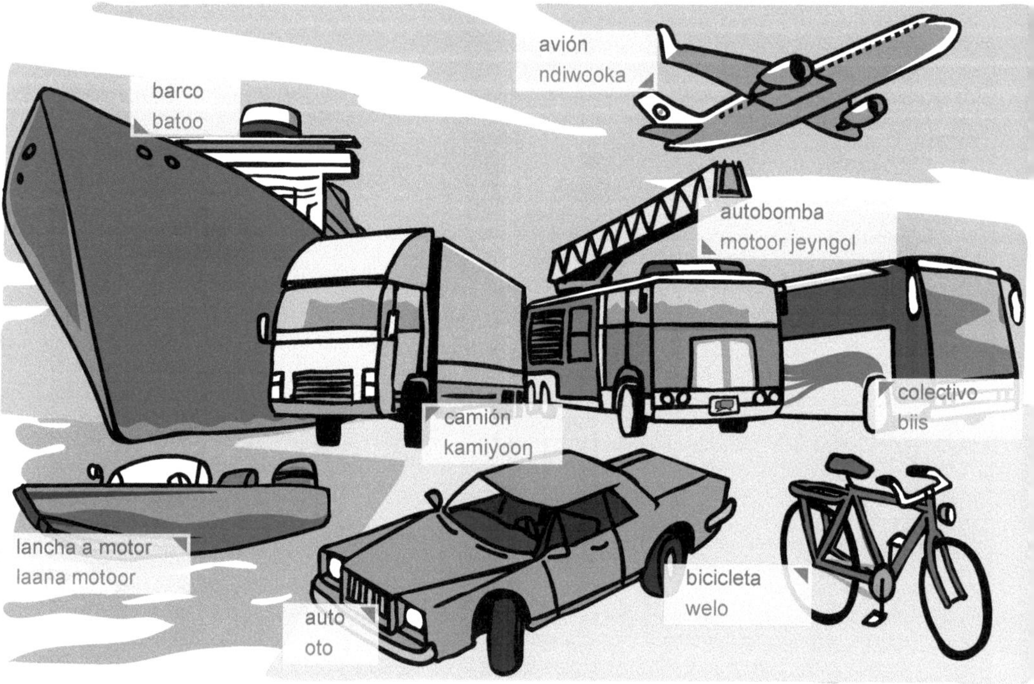
barco
batoo
avión
ndiwooka
autobomba
motoor jeyngol
colectivo
biis
camión
kamiyooŋ
lancha a motor
laana motoor
bicicleta
welo
auto
oto

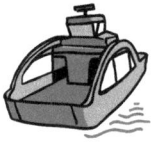

ferry
baak

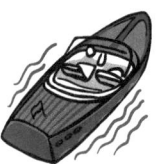

bote
laana

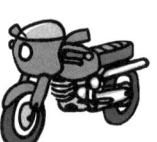

moto
welo motoor

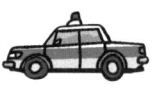

patrullero
oto poliis

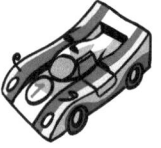

auto de carreras
oto dandu

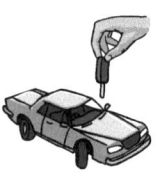

auto de alquiler
otoluwaaɗo

alquiler de autos
rendude oto

grúa
leŋge

camión de basura
kamiyooŋ salo

motor
moto

nafta
gaas

estación de servicio
esaaseer

señal de tránsito
maantorde tali

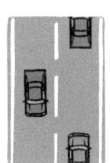

tránsito
tali

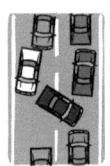

embotellamiento
bittugol tali

estacionamiento
darnirde oto

estación de tren
dartorde teree

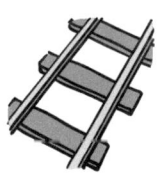

vías
laabi

tren
teree

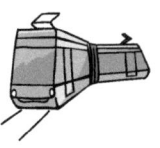

tranvía
taraam

vagón
nawgol

helicóptero
elikooteer

aeropuerto
aydapoor

torre
huɓeere

pasajero
jahoowo

contenedor
kontaneer

caja de cartón
kees

carretilla
saret

canasta
siwo

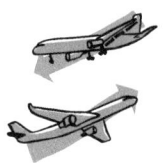

despegar / aterrizar
diw / tello

ciudad

wuro

pueblo
saare

centro de ciudad
hakkunde wuro

casa
galle

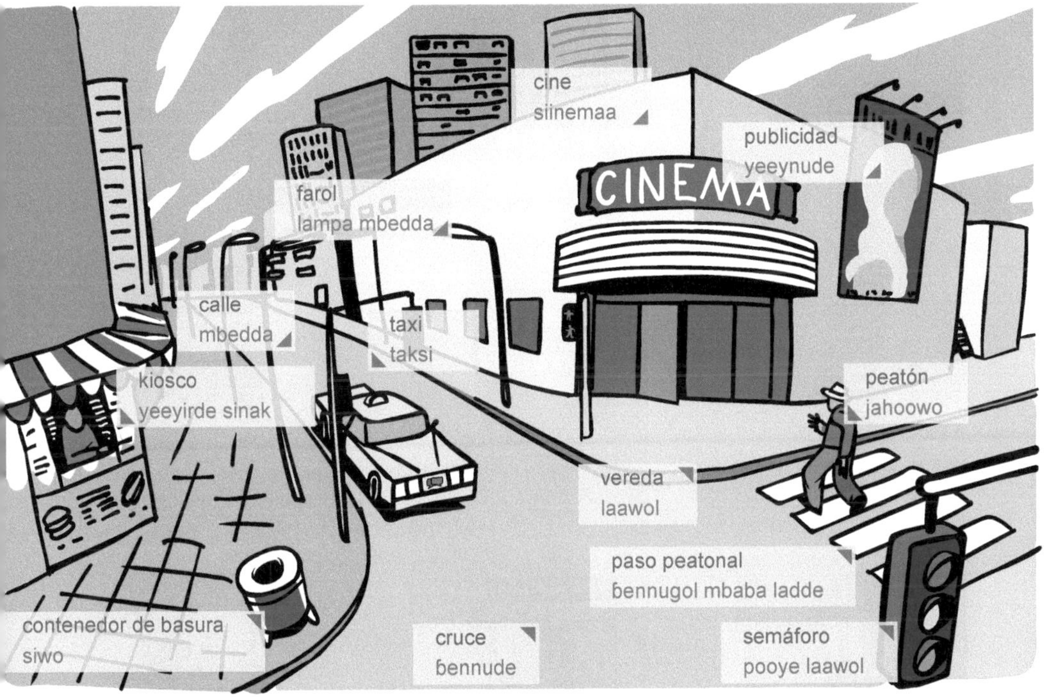

cine
siinemaa
CINEMA
publicidad
yeeynude
farol
lampa mbedda
calle
mbedda
taxi
taksi
kiosco
yeeyirde sinak
peatón
jahoowo
vereda
laawol
paso peatonal
ɓennugol mbaba ladde
contenedor de basura
siwo
cruce
ɓennude
semáforo
pooye laawol

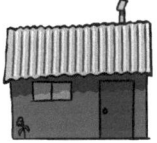

cabaña

tiba

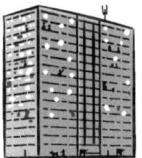

departamento

hoɗorde

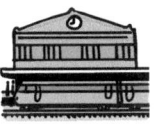

estación de tren

dartorde teree

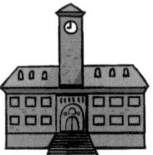

municipalidad

meeri

MUSEUM

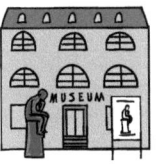

museo

miise

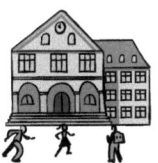

colegio

duɗal

universidad

jaaɓi haatirde

banco

baŋke

hospital

safrirdu

hotel

otel

farmacia

farmasii

oficina

gollorde

librería

yeeyirde defte

negocio

yeeyirde

florería

mo nehoowo leɗɗe

supermercado

duggere

mercado

jeere

grandes tiendas

yeeyirde diiwaan

pescadería

mo gawoowo

centro comercial

nokku njeeygu

puerto

telloorde

parque
parka

banco
jooɗorde

puente
pooŋ

escaleras
ŋabbirɗe

subte
les leydi

túnel
laawol les

parada del colectivo
dartorde biis

bar
baar

restaurante
restoraaŋ

buzón
suudu posto

letrero
maantorde mbedda

parquímetro
meetorde parka

zoológico
nehirde kulle

pileta
pisiin

mezquita
jumaa

granja
ngesa

contaminación
bonande

cementerio
genaale

iglesia
ekiliis

juegos infantiles
dingiral

templo
tempele

paisaje
satto

hoja
ɗerewol

poste indicador
maantogal

camino
laawol

pradera
paraad

piedra
haayre

excursionísta
diwoowo

árbol
lekki

río
caangol

hierba
huɗo

flor
baramlefol

valle
fongo

montaña
tiwaande

lago
weendu

bosque
dundu

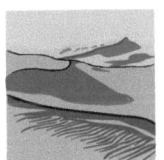

desierto
ladde

volcán
wolkaaŋ

castillo
hoɗorde

arco iris
timtimol

champiñón
wiiduru gaynaako

palmera
lekki koko

mosquito
ɓongu

mosca
diw

hormiga
ñuuñu

abeja
ñaaku

araña
njabala

escarabajo

karaab

rana

paaɓa

ardilla

jiire

erizo

nguru paaɓa

liebre

wojere

lechuza

hooweere

pájaro

ndiwri

cisne

kankaleewal

jabalí

fowru

ciervo

lella

alce

kooba

presa

baaraas

aerogenerador

seɗa hendu

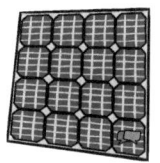

panel solar

mbeɗu naange

clima

kilimaaŋ

restaurante
restoraaŋ

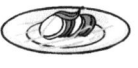

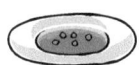

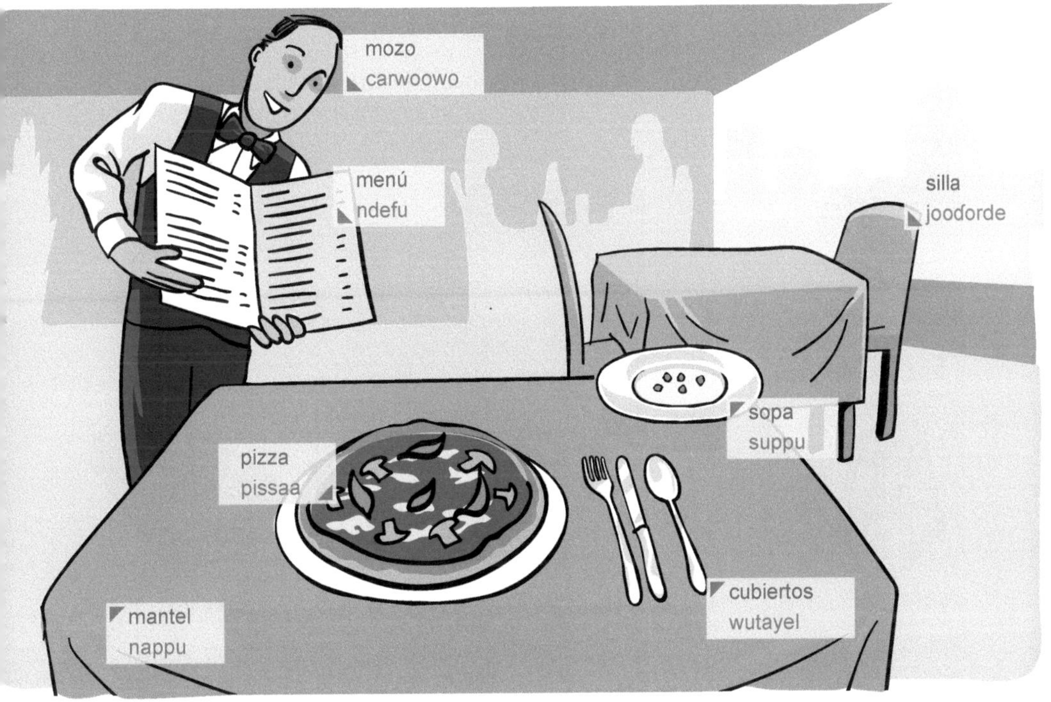

mozo
carwoowo
menú
ndefu
silla
jooɗorde
sopa
suppu
pizza
pissaa
cubiertos
wutayel
mantel
nappu

entrada

puɗɗorɗo

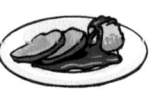

plato principal

barme mawɗo

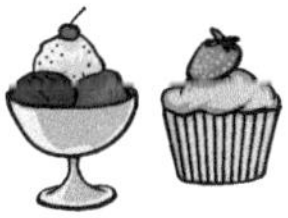

postre

deseer

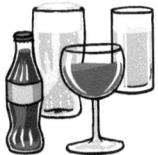

bebidas

njarameeje

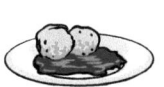

comida

ñamri

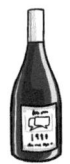

botella

bitel

comida rápida

fastfuut

comida callejera

ñaamde mbedda

tetera

pot ataaya

azucarera

taasa suukara

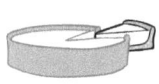

porción

geɗal

cafetera expreso

masiŋ esperesoo

sillita alta

jooɗorde toownde

cuenta

faktiir

bandeja

terey

cuchillo

paaka

tenedor

fursett

cuchara

kuddu

cucharita

kuddu ataaya

servilleta

torsooŋ

vaso

weer

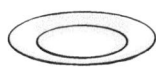

plato
palaat

plato hondo
palaat suppu

plato
coosoowo

salsa
soos

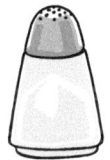

salero
pot lamɗam

molinillo de pimienta
poobaar

vinagre
wineegar

aceite
diwliin

especias
kaaniije

kétchup
ketsoop

mostaza
mutaarde

mayonesa
maynees

supermercado
duggere

oferta especial
dokkal teentungal
FOR
cliente
coodoowo
lácteos
deftel
fruta
ɓingel leggal
changuito
saret

BUTCHERS

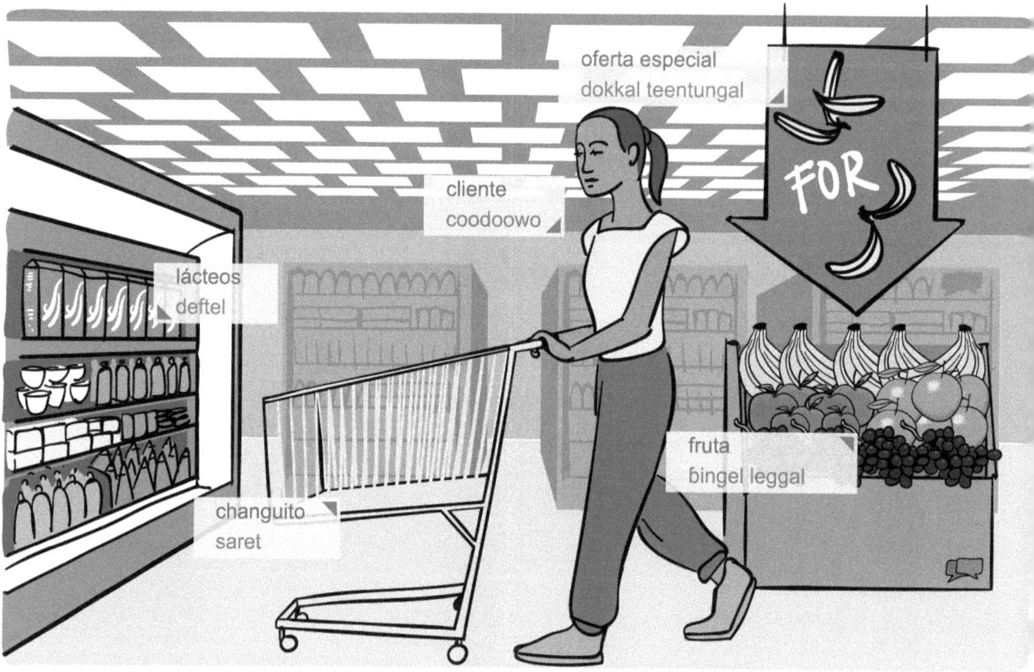

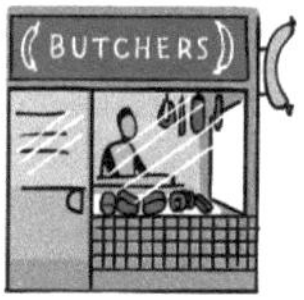

carnicería

mo jeeyoowo teewu

BAKERY

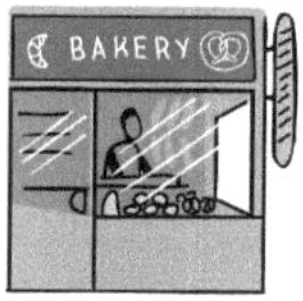

panadería

mo piyoowo mburu

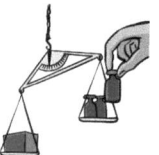

pesar

ɓett

verduras

ɓiɓe leɗɗe

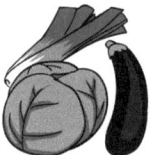

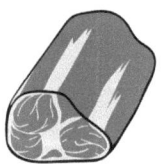

carne

teewu

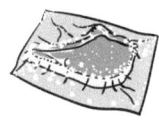

alimentos congelados

ñamri fendiindi

fiambres

teewu ɓuuɓngu

alimentos enlatados

ñamri

detergente en polvo

omo

golosinas

tangaleeji

electrodomésticos

geɗe galle

productos de limpieza

geɗe labbinooje

vendedora

jeeyoowo

caja

hippoode

cajero

ngaluyanke

lista de compras

limo soodetee

horario de atención

waktuuji gudditeeɗi

billetera

kalbe

tarjeta de crédito

kartal keredii

cartera

saak

bolsa de plástico

saak dalli

agua

ndiyam

jugo

sii

leche

kosam

bebida cola

Koowk

vino

sangara

cerveza

sangara

alcohol

alkol

cacao

koka

té

ataaya

café

kafe

café expreso

esperesoo

cappuccino

kaputsiino

banana

banaana

manzana

pomere

naranja

oraaŋs

melón

dende

limón

limoŋ

zanahoria

karott

ajo

laac

bambú

bambuu

cebolla

soblere

champiñón

wiiduru gaynako

nueces

gerte

fideos

kodde

tallarines

espaketii

arroz

maaro

ensalada

solaat

papas fritas

sipse

papas fritas

padaas pasnaađo

pizza

pissaa

hamburguesa

amburgoor

sándwich

sandiis

churrasco

tayre

jamón

heltinde

salame

salaami

salchicha

soosiis

pollo

gertogal

asado

juđe

pescado

liingu

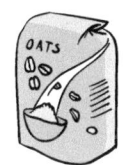

copos de avena
karaw

muesli
miyesli

copos de maíz
butaali makka

harina
cafka

medialuna
koraasaŋ

pancito
loocol mburu

pan
mburu

tostada
mburu

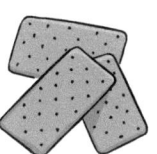

galletitas
mbiskit

manteca
boor

cuajada
caakri

torta
ngato

huevo
boofoode

huevo frito
bofoode defaaɗo

queso
formaas

helado

kerem galaas

azúcar

suukara

miel

njuumri

mermelada

piire

pasta de chocolate

soosde sokola

curry

kiri

granja
ngesa

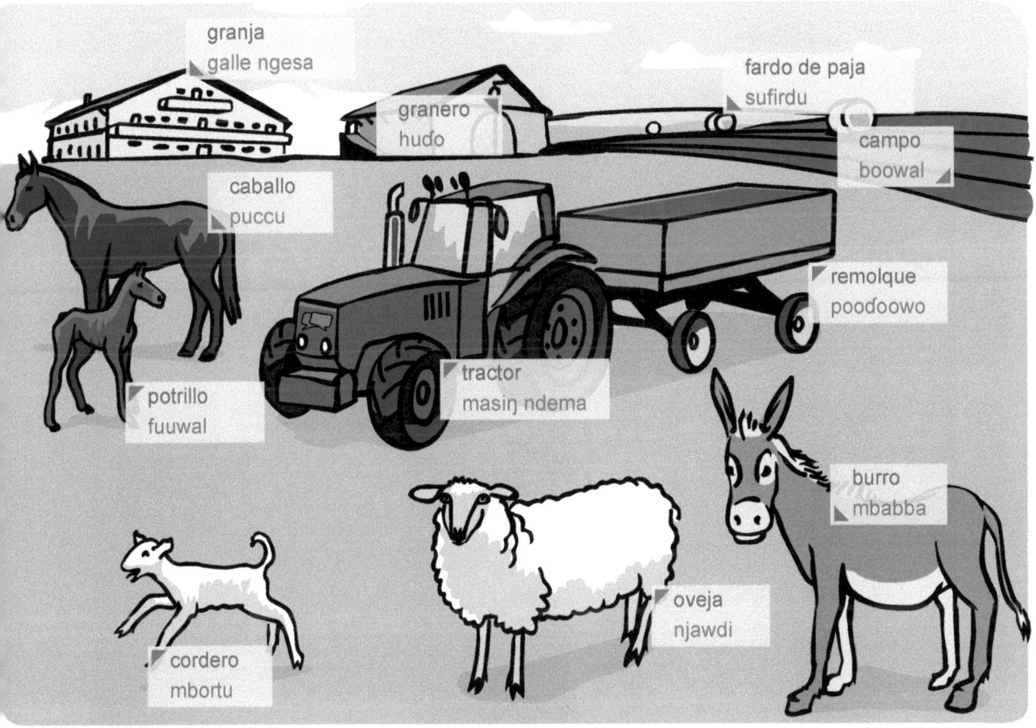
granja
galle ngesa
fardo de paja
sufirdu
granero
huɗo
campo
boowal
caballo
puccu
remolque
pooɗoowo
tractor
masiŋ ndema
potrillo
fuuwal
burro
mbabba
oveja
njawdi
cordero
mbortu

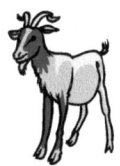

cabra

ndamndi

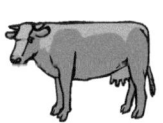

vaca

ngaari

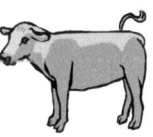

ternero

ñale

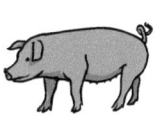

cerdo

mbaba tugal

lechón

ɓingel tugal

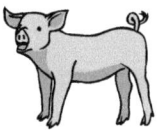

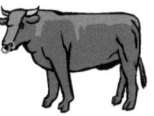

toro

ngaari

ganso

jaawalal

pato

jaawangal

pollo

gertogal

gallina

jarlal

gallo

ngori

rata

doombru

gato

ulluundu

ratón

dombru

buey

ngaari

perro

rawaandu

cucha

suudu rawaandu

manguera

lekki werte

regadera

bitel ndiyam

guadaña

jalo

arado

jabbude

hoz

wafdu

azada

caga

horquilla

furset yettirɗo

hacha

jambere

carretilla

burwett

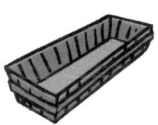

abrevadero

jardugal

lechera

bitel kosam

bolsa

bonnude

reja

heerorde

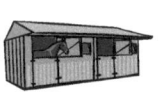

establo

dari

invernadero

resofmaaŋ

suelo

leydi

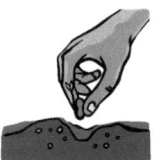

semilla

aawdi

fertilizador

engere

cosechadora

rendin coñoowo

cosechar

soñ

cosecha

coñal

batatas

ñambi

trigo

ndiyamiri

soja

soozaa

papa

padaas

maíz

makka

semilla de colza

aawdi adan

árbol frutal

lekki ɓesnooki

mandioca

kasaawa

cereales

gawri

casa
galle

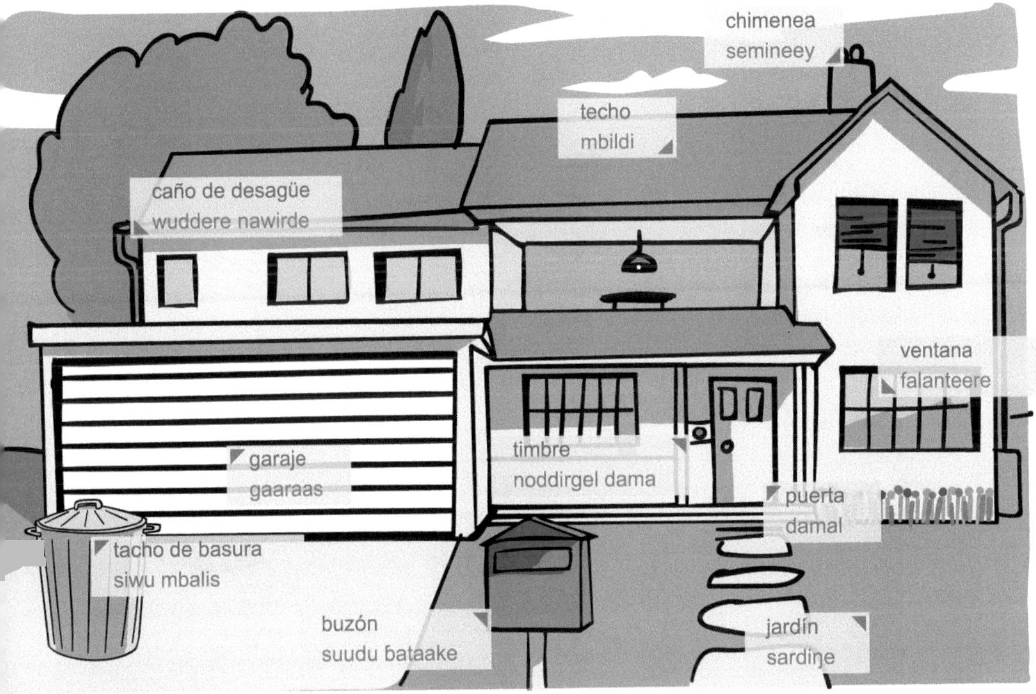
chimenea
semineey
techo
mbildi
caño de desagüe
wuddere nawirde
ventana
falanteere
garaje
gaaraas
timbre
noddirgel dama
puerta
damal
tacho de basura
siwu mbalis
buzón
suudu ɓataake
jardín
sardiŋe

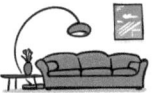

living

saal

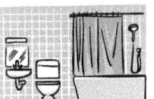

baño

lootorde

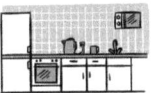

cocina

waañ

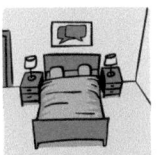

dormitorio

suudu lelteendu

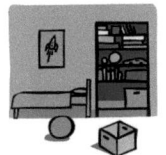

cuarto de los chicos

suudu suka

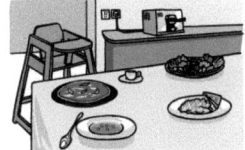

comedor

suudu hirtordu

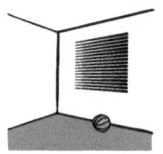

piso

leydi

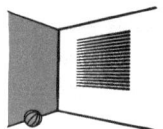

pared

miir

cielorraso

dira

sótano

masiŋel

sauna

soona

balcón

balkooŋ

terraza

teeraas

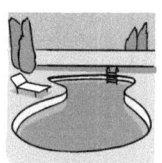

pileta

pisin

cortadora de pasto

tondoos

sábana

kaayit

acolchado

mbertanteeri

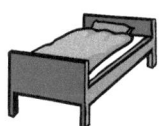

cama

lelnde

escoba

pittirɗe

balde

siwoo

interruptor

waylu

living
saal

empapelado
foodekaraŋ
imagen
nattal
lámpara
lampa
estante
dow
armario
baye
televisión
lewe
chimenea
fotekaaŋ
flor
baramlefol
almohadón
njegenaay
sofá
soofaa
florero
kaas
control remoto
komaande

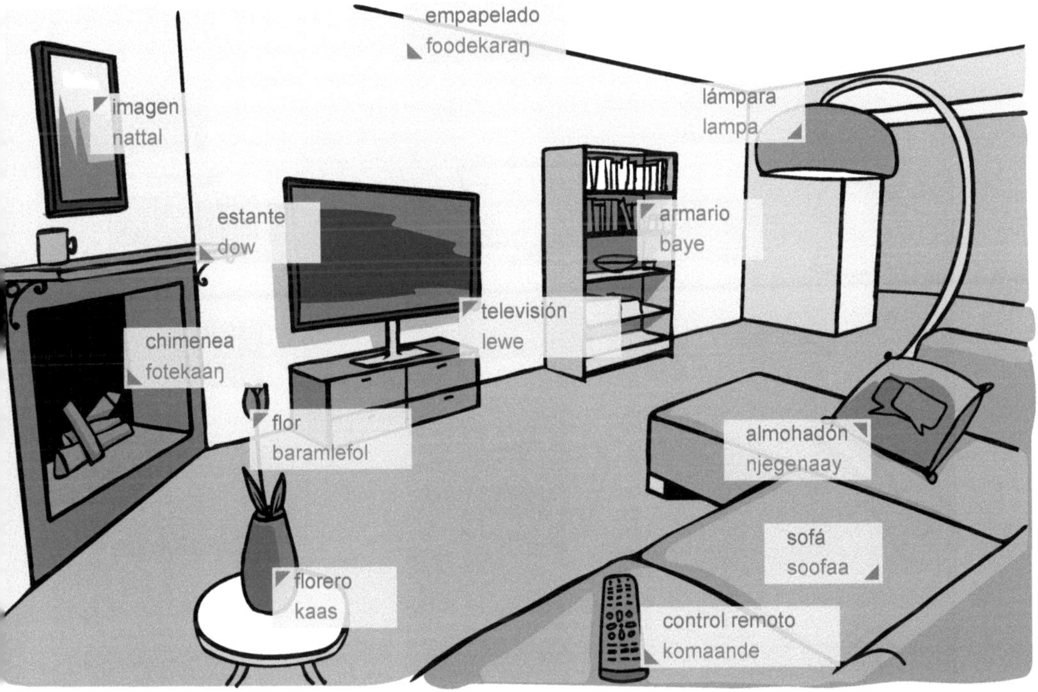

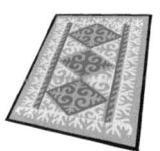

alfombra

tappi

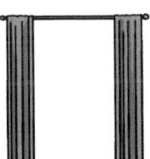

cortina

rido

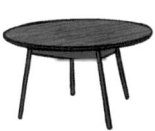

mesa

taabal

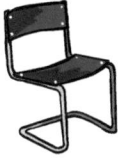

silla

jooɗorde

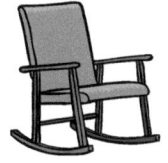

mecedora

jooɗorde timmunde

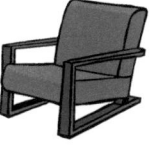

sillón

tuggorde

libro
deftere

frazada
suddaare

decoración
cinki

leña
docotal

película
filmo

equipo de música
kuutorɗe hi-fi

llave
caabi

diario
jaaynde

pintura
pentiirde

póster
posteer

radio
haalirde

cuaderno
deftel mooftirgel

aspiradora
ŋabbude

cactus
siwo lekki

vela
sondel

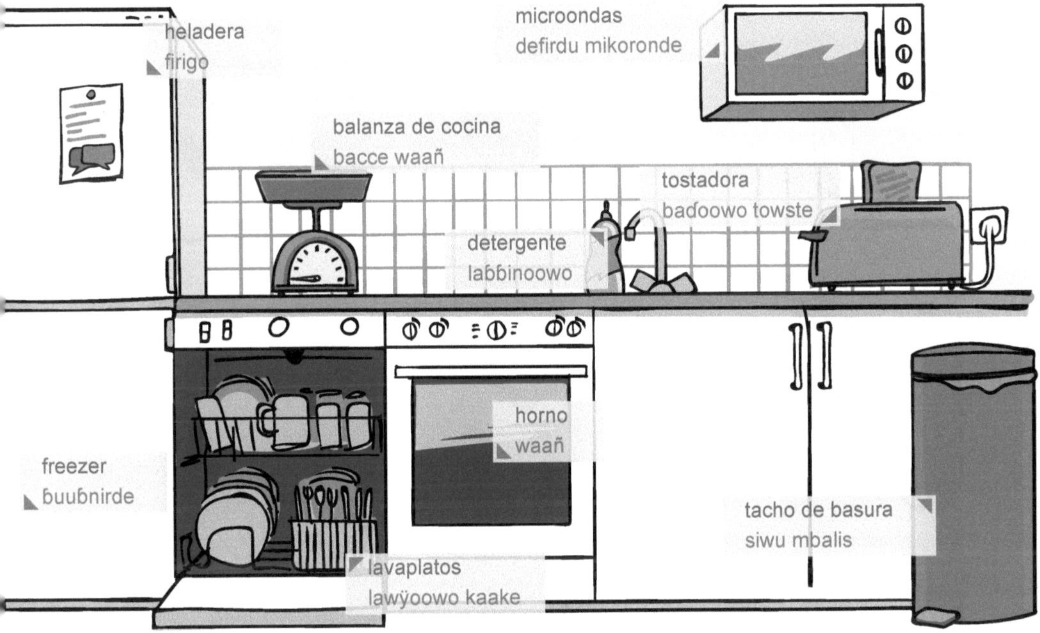

heladera
firigo

microondas
defirdu mikoronde

balanza de cocina
bacce waañ

tostadora
baɗoowo towste

detergente
labbinoowo

horno
waañ

freezer
buuɓnirde

tacho de basura
siwu mbalis

lavaplatos
lawÿoowo kaake

cocina	olla	olla de hierro fundido
defoowo	pot	pot baɗɗo njamdi

wok	sartén	pava
lehel	lahal	baraade

vaporera

gulnoowo

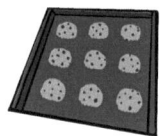

bandeja de horno

fuur cumirɗo

vajilla

wiisirde

taza

kaas

bol

taasa

palitos

bakett

cucharón

heɗirde

estpátula

kuundal

batidora

burgal

colador

gulnirɗo

colador

pool

rallador

koosoowo

mortero

wowru

parrilla

njuɗu

fogata

lewlewndu

tabla de picar

alluwal tayirgal

palo de amasar

dullirgal

sacacorchos

tenaay

lata

potyel

abrelatas

udditirɗo potyel

manopla

jaggoowo pot

pileta

lawÿirde

cepillo

borisde

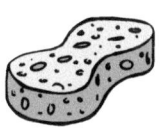

esponja

epoos

batidora

jiiɓoowo

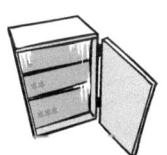

congelador

firigo juutɗo

mamadera

bitel tiggu

canilla

robine

baño

lootorde

calefacción
wulnude
ducha
ɓuftogol
toalla
sarbet
cortina de ducha
rido ɓuftorde
baño de espuma
sumbu lootorɗo
bañadera
nokku lootorɗo
vaso
weer
lavarropas
masiŋ guppirɗo
canilla
robine
baldosas
biifi
pelela
woppirde
pileta
lawÿirde

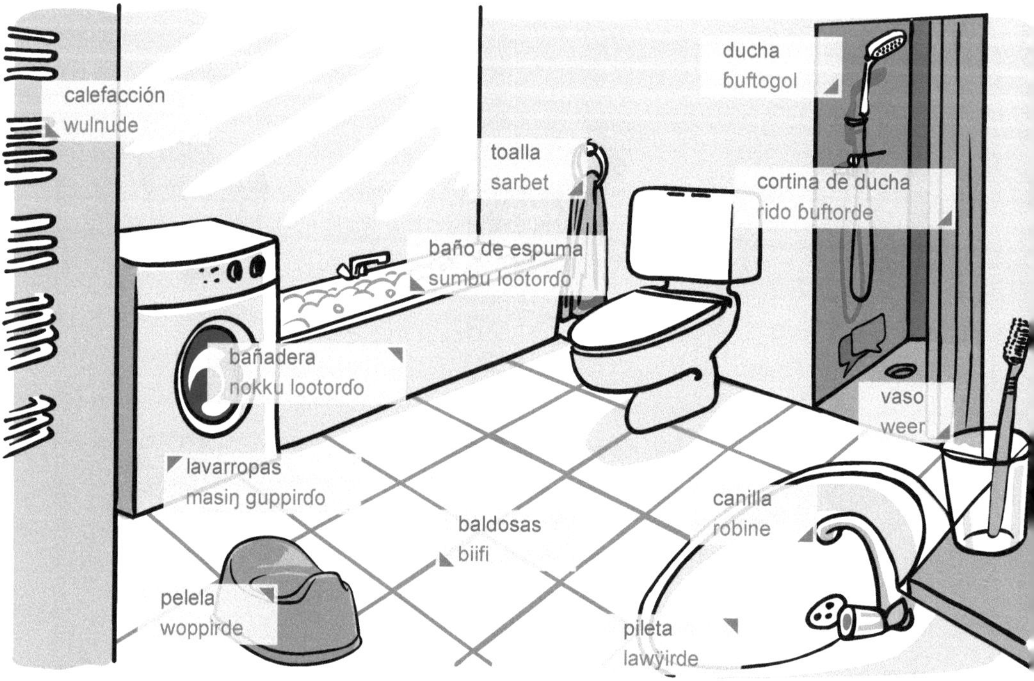

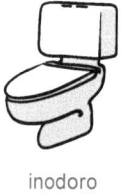

inodoro
heblorde

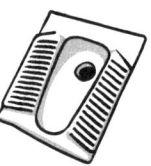

letrina
yaltirde les

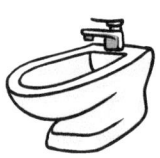

bidé
yaltirde

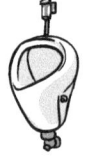

mingitorio
soofirde

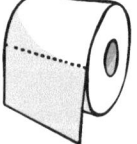

papel higiénico
kaayit heblorde

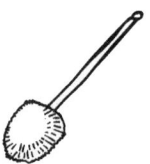

cepillo para el inodoro
boros heblorde

cepillo de dientes

boros ñiiÿe

dentífrico

pat cocordo

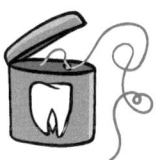

hilo dental

cocorgal

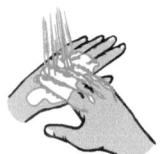

lavar

lawyu

ducha de mano

buftorde jungo

ducha higiénica

jampe

palangana

taasa

cepillo para espalda

boros keeci

jabón

saabunde

gel de ducha

nebam buftorde

shampoo

sampoye

toallita

lootogel

desagüe

yupude

crema

mileen

desodorante

lati

espejo

daarogal

espejito

daarogal jungo

maquinita de afeitar

rasuwaar

espuma de afeitar

sumbu pemborɗo

aftershave

lallitirde

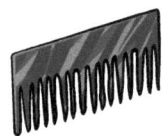

peine

koomu

cepillo

boros

secador de pelo

yoorno hoore

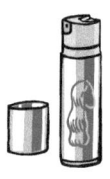

spray

uurna hoore

maquillaje

makiyaas

lápiz de labios

lippo

esmalte para uñas

emaaye segene

algodón

wiro

tijera para uñas

sisooje segene

perfume

parfooŋ

portacosméticos

saawdu lawyirdu

banqueta

kuudi

balanza

bacce betirde

bata

wutte lootorɗo

guantes de goma

kawaseeje dalli

tampón

tampooŋ

toallita femenina

sarbet laɓɓinoorɗo

baño químico

lootogol cellungol

cuarto de los chicos
suudu suka

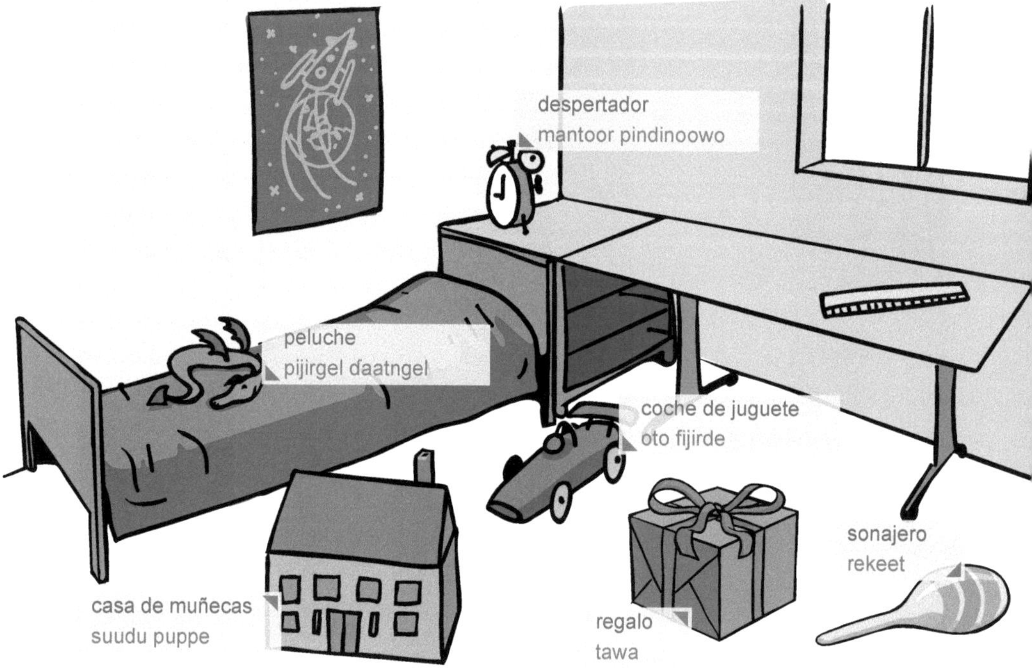
despertador
mantoor pindinoowo
peluche
pijirgel ɗaatngel
coche de juguete
oto fijirde
sonajero
rekeet
casa de muñecas
suudu puppe
regalo
tawa

globo
baloon

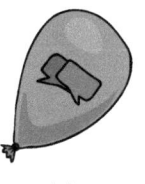

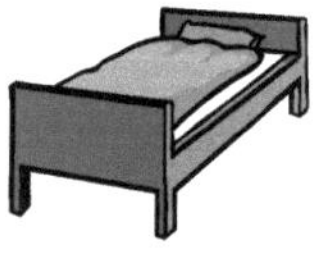

cama
lelnde

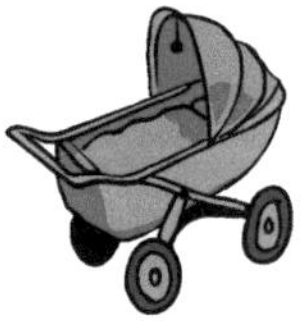

cochecito
puus puus

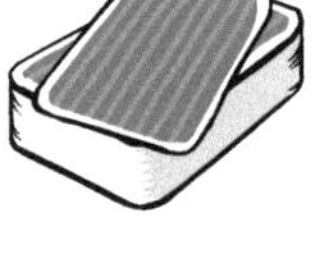

cartas
taabal karte

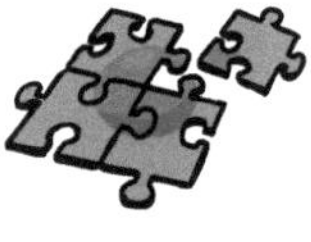

rompecabezas
juwirgal

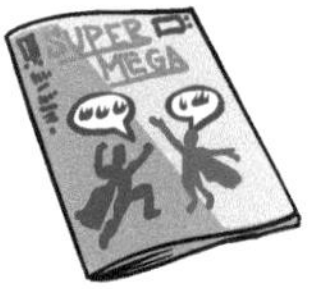

historieta
jalnii

piezas de lego
tuufeeje lego

ladrillos de juguete
kaaÿe maadi

figura de acción
pijirgel suka

enterito (de bebé)
wutte suka

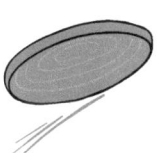

frisbee
mbiifu

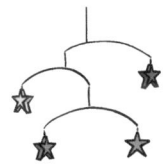

móvil para bebés
noddirgel

juego de mesa
fijirde alluwal

dados
dee

tren eléctrico
tereŋ jahiroowo batiri

chupete
daaydo

fiesta
hiirde

libro de cuentos ilustrado
deftere natte

pelota
bal

muñeca
puppe

jugar
fij

arenero

ngaska leydi

hamaca

yirlude

juguetes

pijirɗe

consola de videojuegos

fijirde widoo peley

triciclo

biifi tati

osito de peluche

uluundu pijirgel

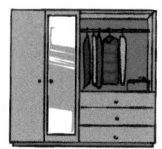

armario

woliis

ropa

ɓoornogol

medias

kawaseeje

medias panty

baardinirɗi

calzas

dogirɗi

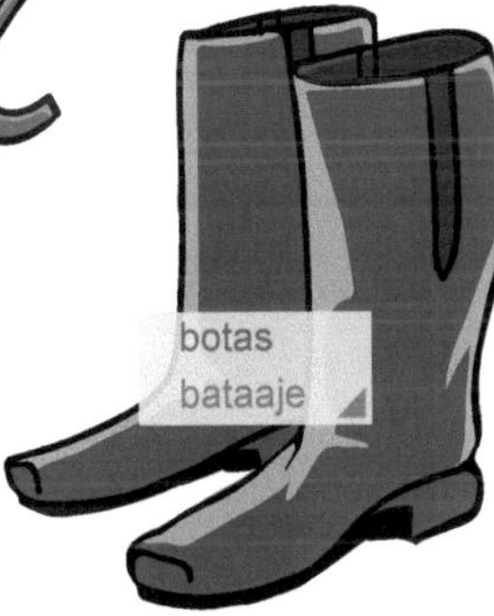

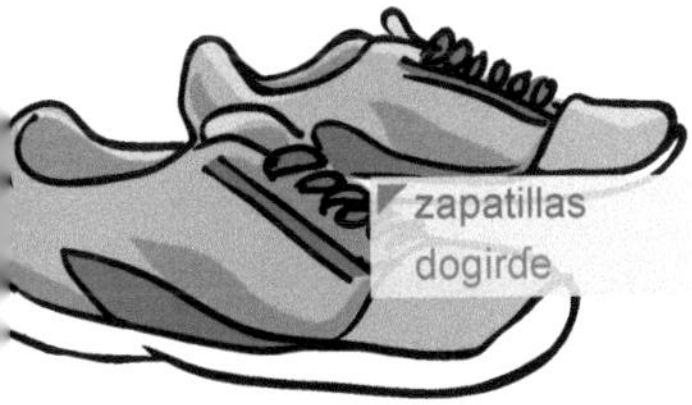

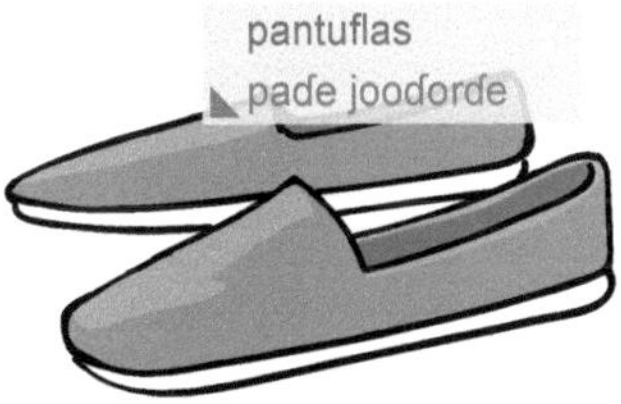

bufanda
muurnorde

paraguas
paraseewal

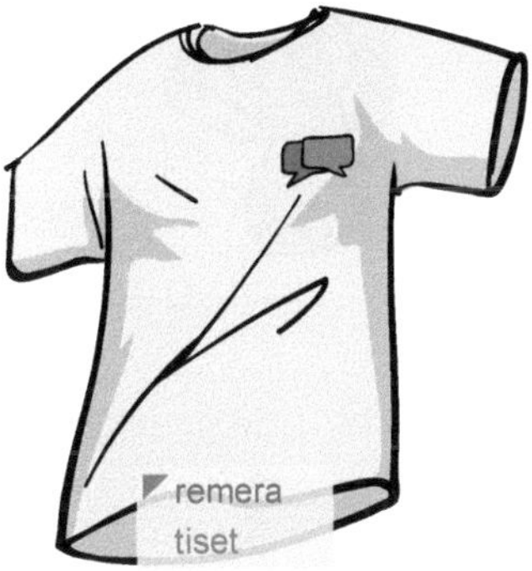

cinturón
dadorde

remera
tiset

botas
bataaje

pantuflas
pade joodorde

zapatillas
dogirde

sandalias

caraax

zapatos

pade

botas de goma

bataaje dalli

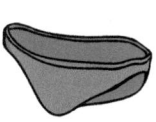

ropa interior

cakkirɗi

corpiño

site ŋoos

chaleco

weste

body
bandu

pantalones
tuuba

jeans
jiin

pollera
sippu

blusa
buluus

camisa
wuttel

pulóver
piliweer

buzo
njallaaba

blazer
balaseer suka

campera
jakett

tapado
sabandoor

piloto
wutte tobo

traje
kossim

vestido
robbo

vestido de novia
wutte cuddungu

traje

cakkirɗo

camisón

robbo baalduɗo

pijama

baaluɗi

sari

sari

pañuelo para cabeza

fiilorde

turbante

kaala

burka

misoor

caftán

haftan

abaya

abaaye

traje de baño

lumborɗo

short de baño

leɗɗe

shorts

kilooti

jogging

dewirɗi

delantal

aparooŋ

guantes

kawase

botón

nebbu

anteojos

lone

pulsera

jawo

collar

cakka

anillo

feggere

aro

hootonde

gorra

laafa

percha

jaggirgal sabandoor

sombrero

kufna

corbata

karwaat

cierre

korsude

casco

tengaade

tiradores

jawe

uniforme escolar

wutte jaŋirɗo

uniforme

dadorɗo

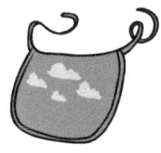

babero

nappu suka

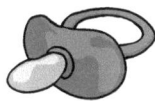

chupete

ɗaayɗo

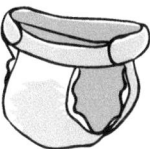

pañal

fooftini

oficina

gollorde

servidor
carwoowo
archivero
nokku bindirɗo
impresora
jaltinoowo
papel
kaayit
monitor
peewnoowo
escritorio
biro
mouse
doomburu
carpeta
suudu
teclado
bindirgal
tacho (de basura)
siwo mbalis
computadora
ordinateer
silla
jooɗorde

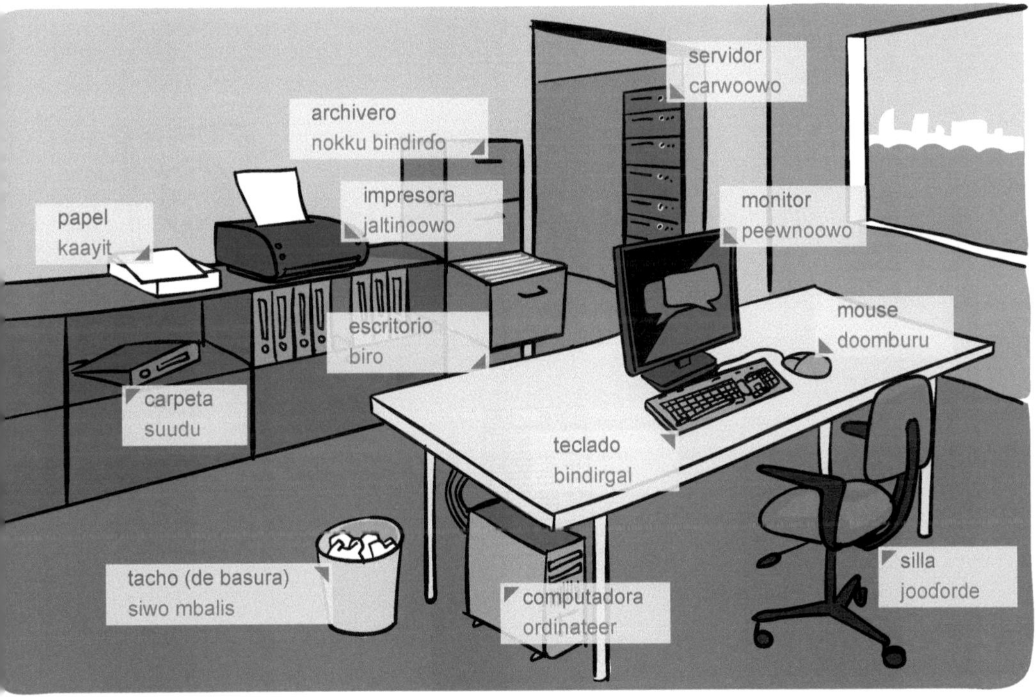

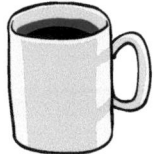

taza de café

koppu kafe

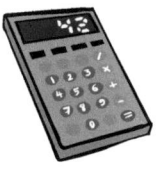

calculadora

tongirde

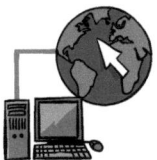

internet

enternet

laptop
ordinateer

carta
ɓataake kaayit

mensaje
ɓataake

celular
noddirgel

red
jokkondiral

fotocopiadora
nandinoowo

software
kuutorgel

teléfono
noddirgel

tomacorriente
piriis

fax
masiŋ faksii

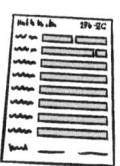

formulario
sifaa

documento
kaayit

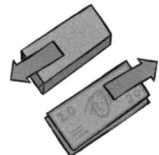

comprar
sood

pagar
yob

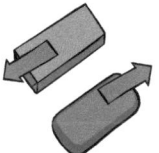

hacer negocios
yeey

dinero
kaalis

dólar
dolaar

euro
oro

yen
yeen

rublo
ruubal

franco suizo
siiwis farayse

yuan
yuwaan renminbi

rupia
ruppii

cajero automático
nokku ngalu

casa de cambio

nokku beccirɗo

oro

kaŋe

plata

kaalis

petróleo

peteroŋ

energía

doole

precio

coggu

contrato

jokkondiral

impuesto

lempo

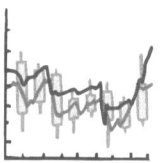

acción

jeyii

trabajar

liggo

empleado

liggotooɗo

empleador

ligginoowo

fábrica

isin

negocio

yeeyirde

ocupaciones
golle

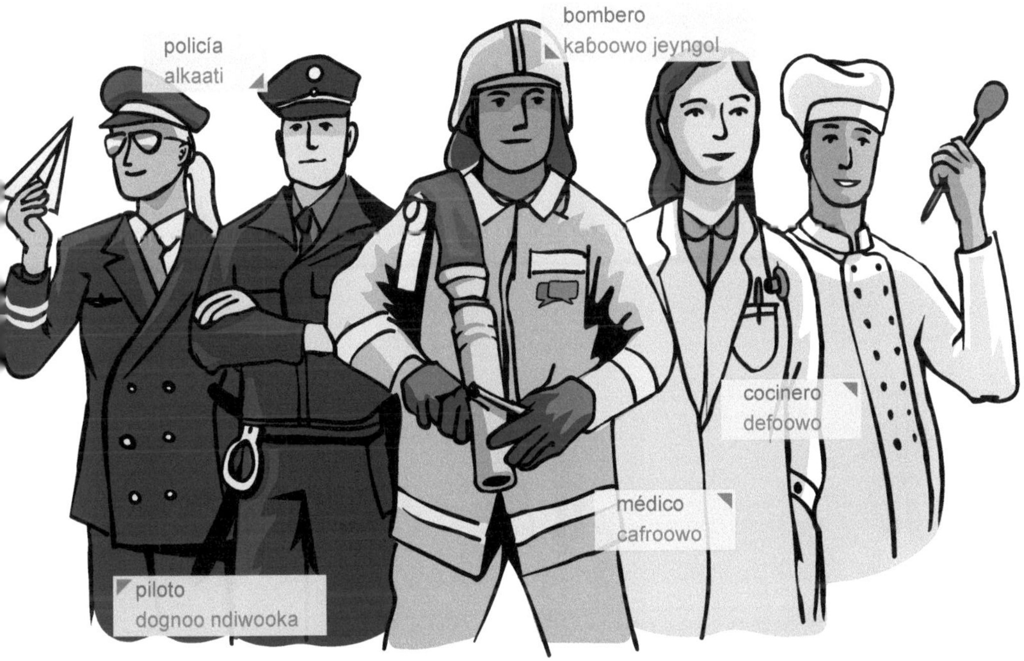
policía
alkaati
bombero
kaboowo jeyngol
cocinero
defoowo
médico
cafroowo
piloto
dognoo ndiwooka

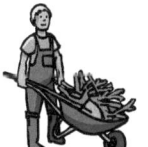

jardinero

mooftoowo

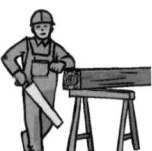

carpintero

meniise

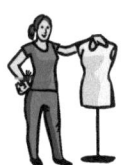

modista

gawoowo debbo

juez

ñaawoowo

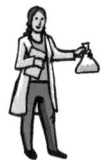

farmacéutico

simiyanke

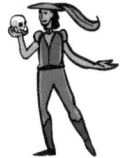

actor

aktoor

colectivero

diirnoowo biis

taxista

diirnoowo taksi

pescador

gawoowo

mucama

debbo pittoowo

techista

biloowo

mozo

carwoowo

cazador

baañoowo

pintor

diidoowo

panadero

piyoo mburu

electricista

peewnoo jeyngol

albañil

mahoowo

ingeniero

eseñoor

carnicero

buusee

plomero

polombiyee

cartero

neɗɗo posto

soldado
soldaat

arquitecto
arsitekte

cajero
ngaluyanke

florista
ledɗeyanke

peluquero
mooroowo

cobrador
diirnoowo

mecánico
peenoowo jamɗe

capitán
gardiiɗo

dentista
safroowo ñiiÿe

científico
gando

rabino
babbiin

imán
almaami

monje
muwaan

sacerdote
neɗɗo alla

herramientas
kuutorɗe

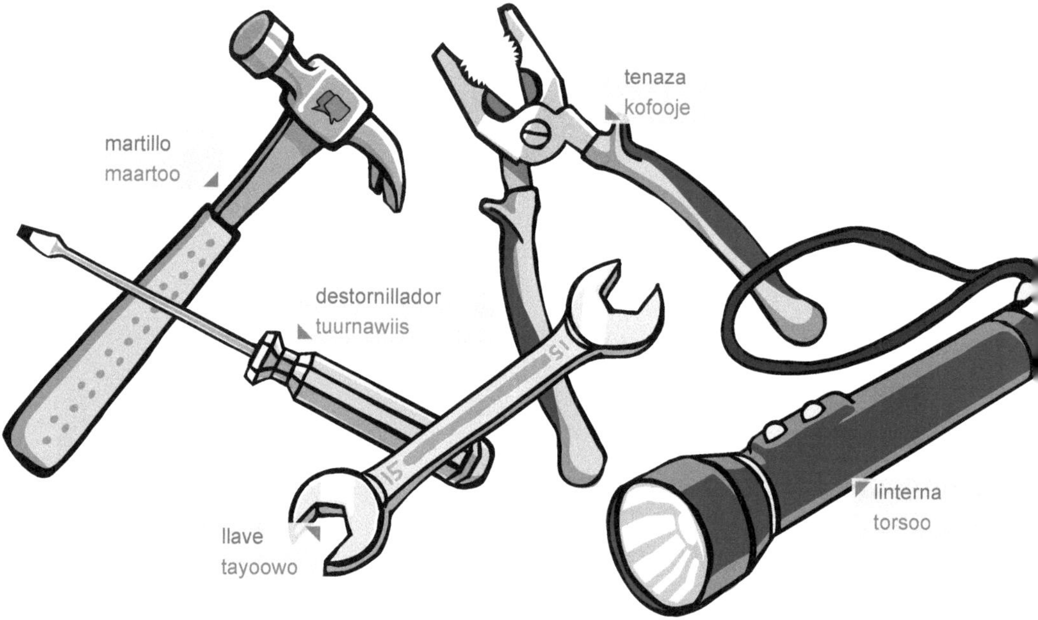

tenaza
kofooje
martillo
maartoo
destornillador
tuurnawiis
llave
tayoowo
linterna
torsoo

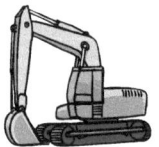

excavadora

ngasirdi

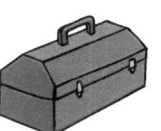

caja de herramientas

suudu kuutorɗe

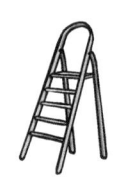

escalera portátil

seel

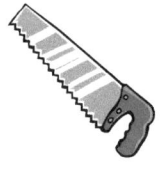

sierra

siiy

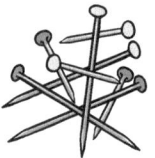

clavos

pontooje

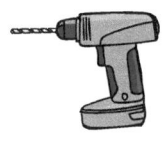

taladro

yuwirde

arreglar
feewnit

pala de jardín
nokkirde

¡Qué bronca!
sooot

pala de plástico
peel

tacho de pintura
pot diidirɗo

tornillos
wiisuuji

instrumentos musicales

pijirɗe

parlante
nikoro

batería
buuba

guitarra
gitaar

contrabajo
dubal baas

trompeta
allaadu

piano

piyaano

violín

ñaañooru

bajo

baas

timbales

timpaan

tambor

bawɗi

teclado

bindirgal

saxofón

saksofooŋ

flauta

coolumbel

micrófono

haaldude

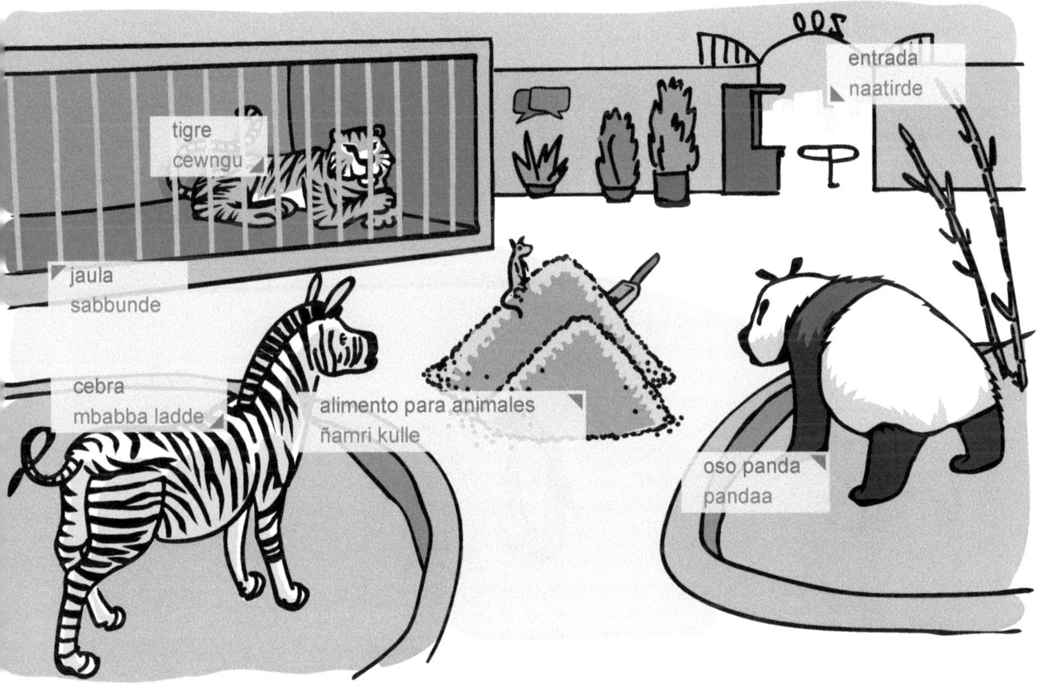

entrada
naatirde

tigre
cewngu

jaula
sabbunde

cebra
mbabba ladde

alimento para animales
ñamri kulle

oso panda
pandaa

animales
kulle

elefante
ñiiwa

canguro
kanguruu

rinoceronte
liwoongu

gorila
waandu

oso
fowru

camello

ngelooba

avestruz

jaawagal

león

mbaroodi

mono

golo

flamenco

ñaarpural

loro

seku

oso polar

fowru nees

pingüino

peŋwee

tiburón

reke

pavo real

ngoriyal

serpiente

mboddi

cocodrilo

nooro

cuidador del zoológico

deenoowo kulle

foca

liingu

jaguar

cewngu

poni

molel puccu

leopardo

cewlu

hipopótamo

ngabu

jirafa

ñamala

águila

ciilal

jabalí

fowru

pescado

liingu

tortuga

heende

morsa

morsee

zorro

daga

gacela

lella

fútbol americano
fugu koyngel Amarik

ciclismo
welo

tenis
teniis

básquet
basket

natación
lumbaade

boxeo
bokse

hockey sobre hielo
okey e galaas

fútbol

fugu koyngel

bádminton

badminton

atletismo

dogduuji

handball

fugu jungo

esquí

eskiiy

polo

polo

saltar
diw

reír
jal

abrazar
uurno

caminar
yah

cantar
yim

rezar
juul

besar
buuco

soñar
hoyđu

escribir
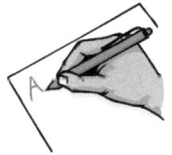
windu

dibujar

diid

mostrar

hollu

presionar

duñ

dar
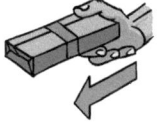
rokku

tomar
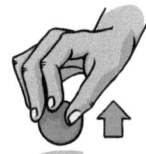
naw

tener

jogo

hacer

waɗ

ser

won

estar parado

daro

correr

dog

tirar

ittu

tirar

weddo

caer

yan

estar acostado

fen

esperar

fad

llevar

naw

estar sentado

jooɗo

vestirse

boorno

dormir

ɗaano

despertar

finn

mirar

ndaar

llorar

woy

acariciar

fiiy

peinar

koomu

hablar

haal

entender

faam

preguntar

naamdo

escuchar

hetto

beber

yar

comer

ñaam

ordenar

haɓɓu

amar

yiɗ

cocinar

def

manejar

diirnu

volar

diw

navegar

awyu

calcular

lim

leer

jangu

aprender

jangu

trabajar

liggo

casarse

res

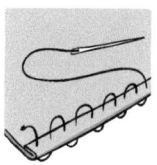

coser

aaw

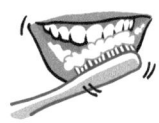

cepillarse los dientes

boris ñiiÿe

matar

war

fumar

simmo

enviar

neldu

familia
ɓesngu

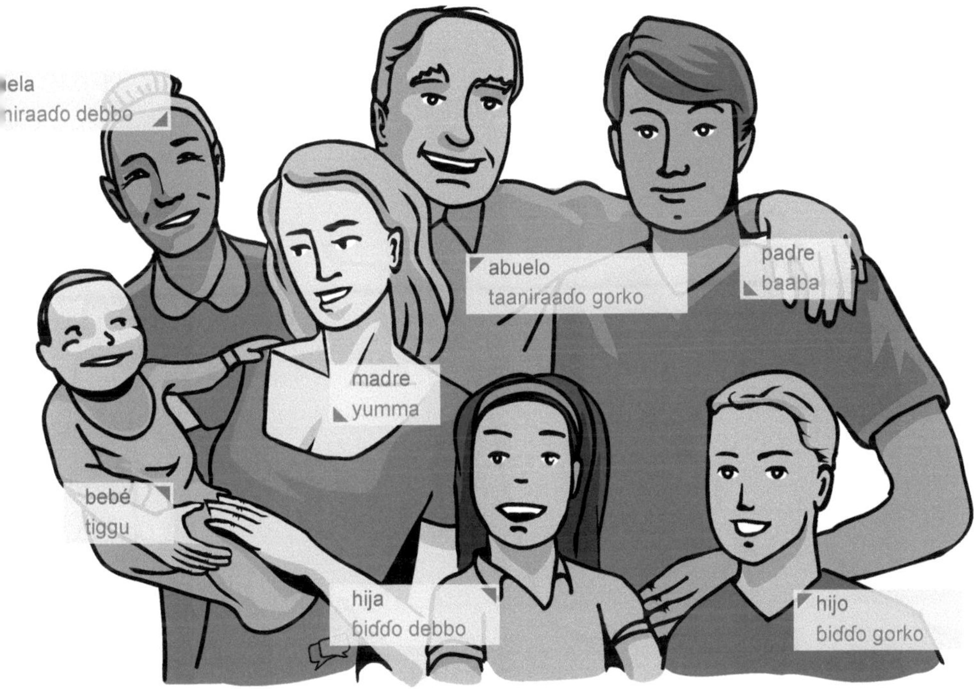
ela
iraaɗo debbo
abuelo
taaniraaɗo gorko
padre
baaba
madre
yumma
bebé
tiggu
hija
ɓiɗɗo debbo
hijo
ɓiɗɗo gorko

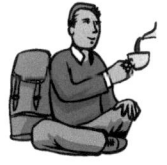

invitado
koɗo

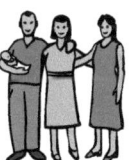

tía
gogo

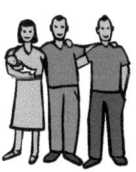

tío
kaawiraaɗo

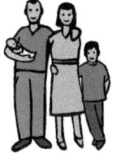

hermano
mawniraaɗo gorko

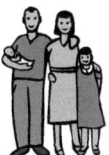

hermana
mawniraaɗo debbo

cuerpo
ɓandu

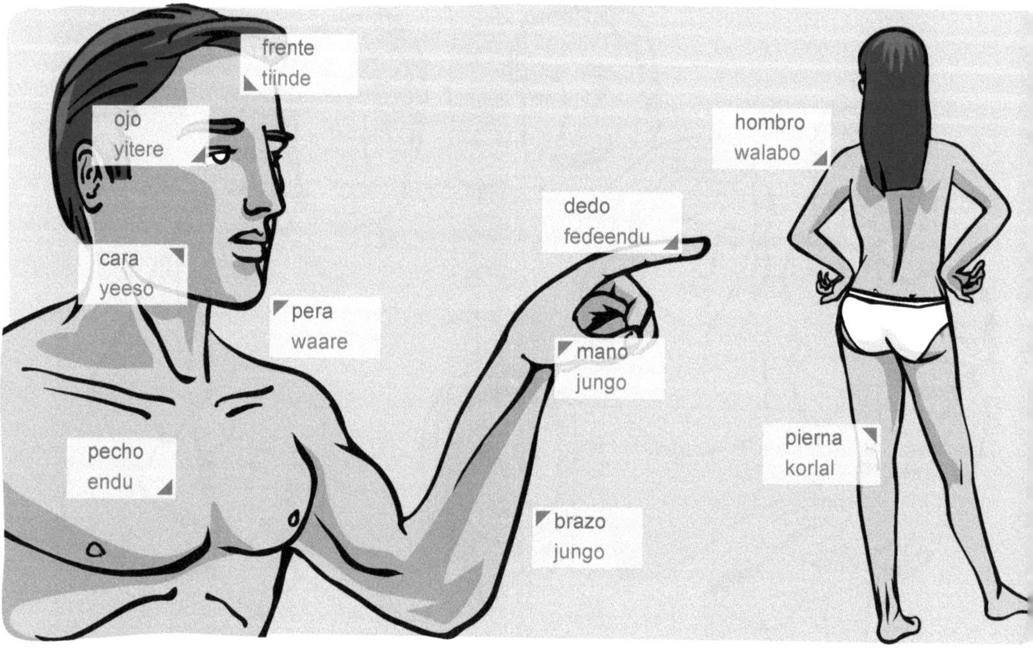
frente
tiinde
ojo
yitere
hombro
walabo
dedo
feɗeendu
cara
yeeso
pera
waare
mano
jungo
pecho
endu
pierna
korlal
brazo
jungo

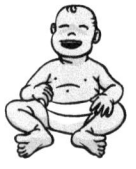

bebé
tiggu

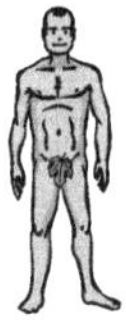

hombre
gorko

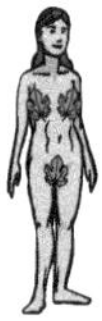

mujer
debbo

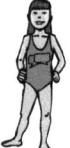

nena
debbo

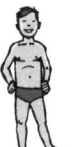

nene
gorko

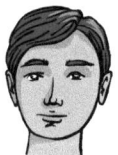

cabeza
hoore

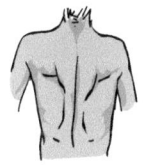

espalda

keeci

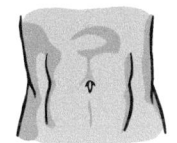

panza

reedu

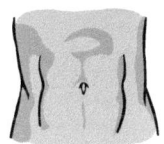

ombligo

wudduru

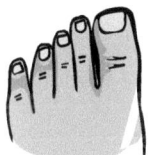

dedo del pie

feɗeendu

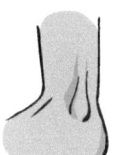

talón

njaaɓordi

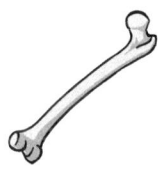

hueso

ÿiyal

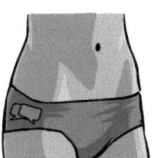

cadera

buhal

rodilla

hofru

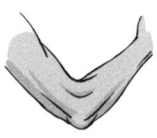

codo

fooŋturu

nariz

hinere

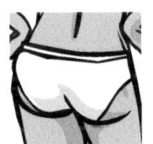

cola

gaɗa

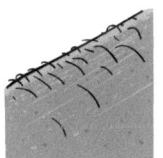

piel

nguru

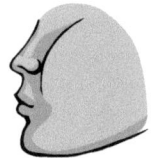

cachete

aɓɓuko

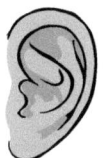

oreja

nofru

labio

tondu

boca

hunuko

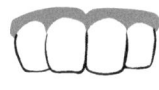

diente

ñiire

lengua

ɗemngal

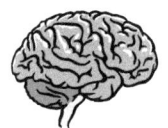

cerebro

ngaandi

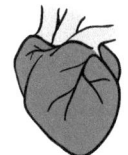

corazón

ɓernde

músculo

ƴiye

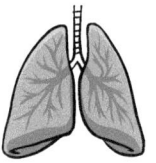

pulmón

jofe

hígado

heeñere

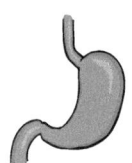

estómago

kuuse

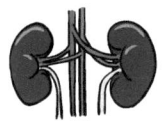

riñones

booÿe

sexo

leldaade

preservativo

kawasal

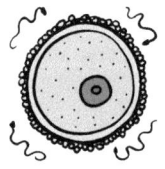

óvulo

ɓoccoonde

semen

maniiyu

embarazo

cowagol

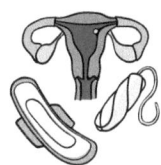

menstruación

ella

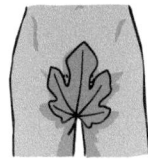

vagina

kottu

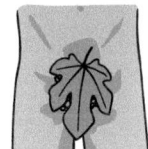

pene

soolde

ceja

leeɓol yitere

pelo

sukundu

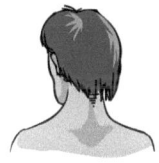

cuello

daande

hospital
safrirdu

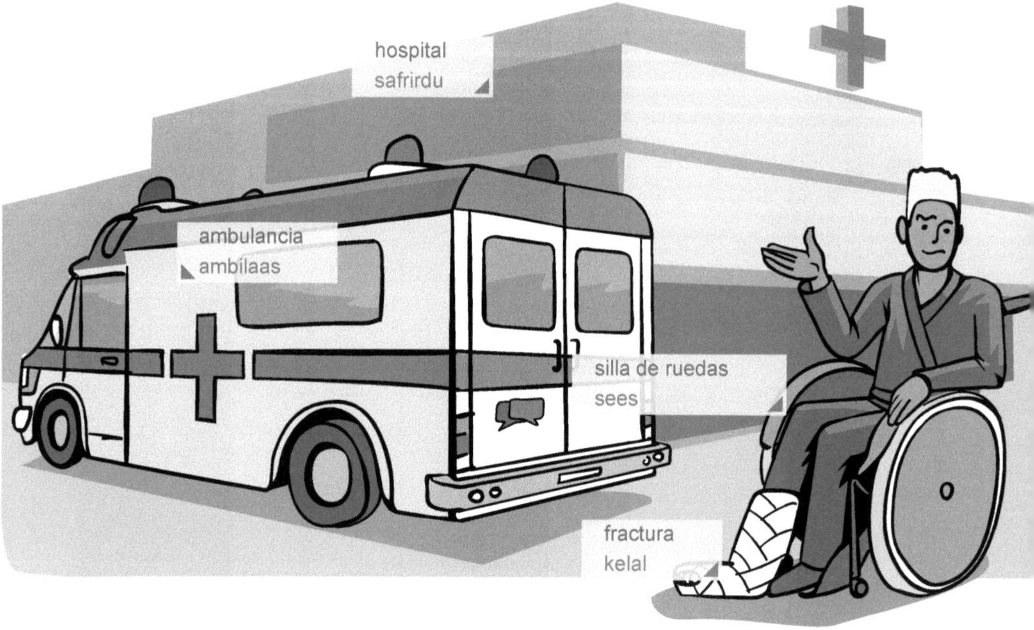

hospital
safrirdu
ambulancia
ambílaas
silla de ruedas
sees
fractura
kelal

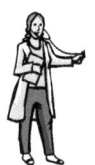

médico

cafroowo

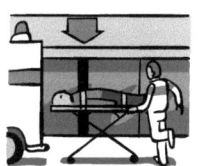

sala de guardia

suudu heñaare

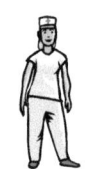

enfermera

debbo cafroowo

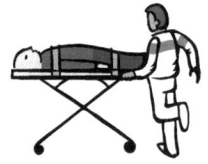

emergencia

heñorde

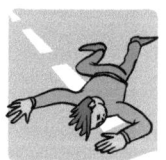

inconsciente

wondaane hakkile

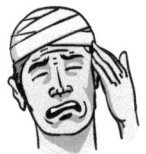

dolor

muuseeki

lesión

gaañande

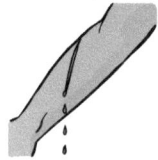

hemorragia

tudde ÿiiÿam

infarto

muuseeki ɓernde

ACV

piigol

alergia

nefo

tos

dojjude

fiebre

bandu wulooru

gripe

pali

diarrea

ndogu reedu

dolor de cabeza

hoore muusoore

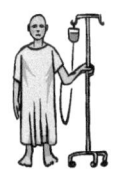

cáncer

kaaseer

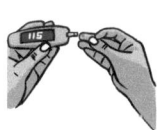

diabetes

jabett

cirujano

oppiroowo

bisturí

jaggirdi

operación

oppeere

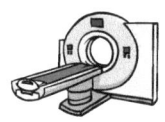

TC
CT

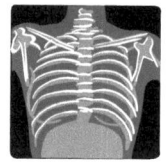

rayos x
buuɗi x

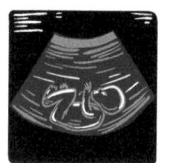

ecografía
iltarasooŋ

barbijo
huurirdu yeeso

enfermedad
rafi

sala de espera
heblorde

muleta
beeke

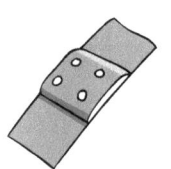

curita
tabak

venda
bandaas

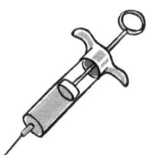

inyección
pinggu

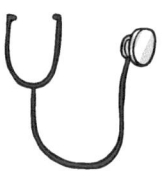

estetoscopio
estetoskop

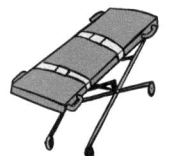

camilla
pooɗoowo

termómetro
termomeeter safrirdu

nacimiento
jibinande

sobrepeso
buttiɗgol

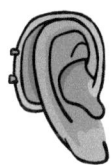

audífono

ballal nanirɗe

desinfectante

laɓɓinoowo

infección

raabo

virus

wiriis

VIH / SIDA

SIDAA

remedio

lekki

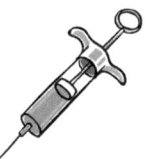

vacunación

ñakko

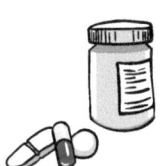

comprimidos

poɗɗe

pastilla anticonceptiva

foɗɗere

llamada de emergencia

noddaango heñiingo

tensiómetro

ÿeewtorde yaadu ÿiiyam

enfermo / sano

faawŋi / selli

¡Ayuda!

Ballal

alarma

pindinoowo

agresión

njangu

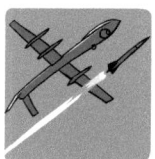

ataque

raaŋande

peligro

boomre

salida de emergencia

yaltirde yaawnde

¡Fuego!

Jeyngol

matafuego

ñifoowo jeyngol

accidente

aksida

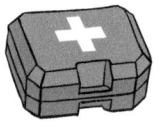

botiquín de primeros
auxilios

saawdu safaara gadano

SOS

SOS

policía

poliis

Europa

Orop

América del Norte

Amarik Rewo

América del Sur

Amarik Worgo

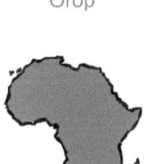

África

Afirik

Asia

Aasi

Australia

Ostaraali

Atlántico

Atalantik

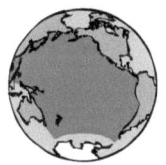

Pacífico

Pasifik

Océano Índico

Maayo Endo

Océano Antártico

Maayo Antarkatik

Océano Ártico

Maayo Arkatik

polo norte

Baŋe Rewo

polo sur

Baŋe Worgo

Antártida

Antarkatik

Tierra

Leydi

tierra

leydi

mar

maayo

isla

siire

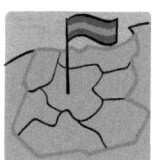

nación

wuro

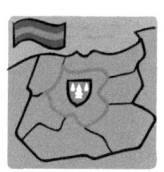

estado

laamu

esfera

yeeso waktu

manecilla de las horas

jungo waktu

minutero

jungo hojoma

segundero

jungo majaango

¿Qué hora es?

hol waktu?

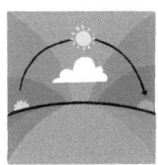

día

ñalawma

hora

saha

ahora

jooni

reloj digital

mantoor nattoowo

minuto

hojoma

hora

waktu

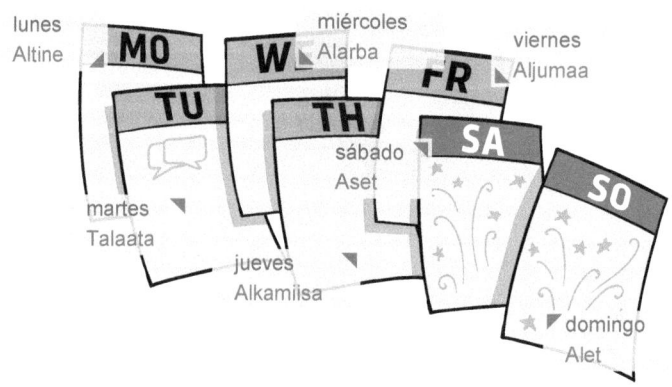

lunes
Altine

miércoles
Alarba

viernes
Aljumaa

martes
Talaata

sábado
Aset

jueves
Alkamiisa

domingo
Alet

ayer

hanki

hoy

hande

mañana

jango

mañana

subaka

mediodía

ñalawma

tarde

kikiiɗe

días hábiles

biir

fin de semana

ñalɗi

lluvia
tobo

arco iris
timtimol

nieve
nees

viento
hendu

primavera
demminaare

otoño
ndunngu

verano
ceeɗu

invierno
dabbunde

4.APRIL	11°	☀
5.APRIL	4°	☁
6.APRIL	13°	☁
7.APRIL	8°	☀
8.APRIL	10°	☀

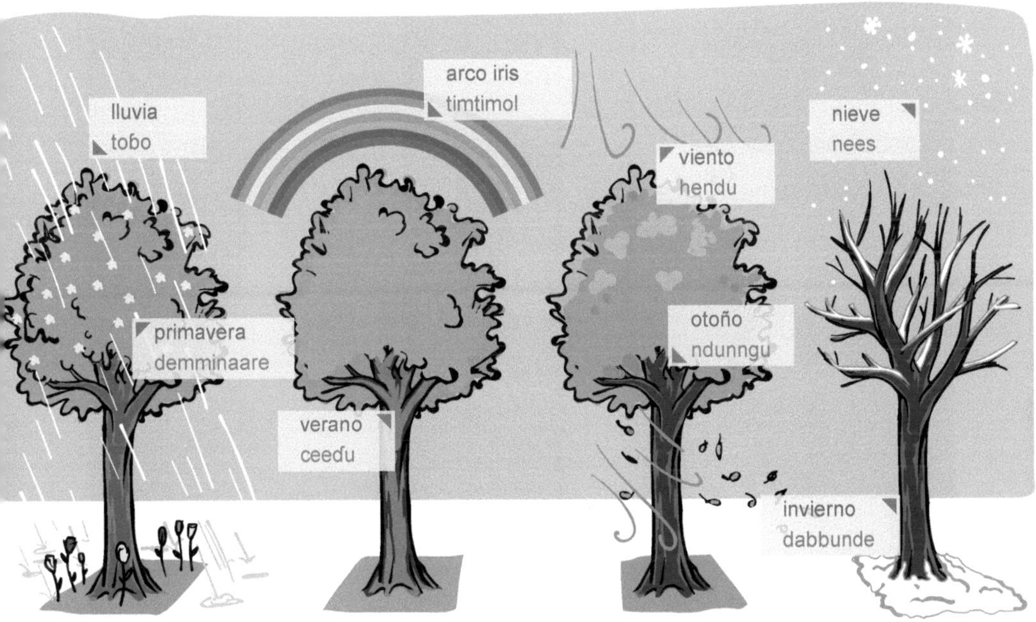

pronóstico meteorológico
....
kabaaru weeyo

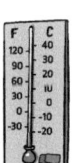

termómetro
....
termomeeter

luz del sol
....
naaŋini

nube
....
ruulde

niebla
....
cuurki

humedad
....
uddeende

rayo

majje

trueno

gidaango

tormenta

hendu

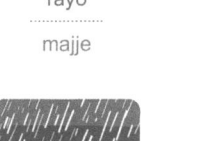

granizo

huɗɗni

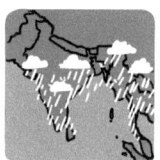

monzón

ruulɗini

inundación

waame

hielo

nees

enero

Siilo

febrero

Colte

marzo

Mbooy

abril

Seeɗto

mayo

Duuyal

junio

Korse

julio

Morse

agosto

Juko

septiembre
....
Siilto

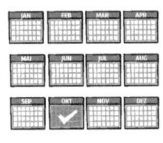

octubre
....
Yarkoma

noviembre
....
Jolal

diciembre
....
Bowte

formas
balli

círculo
....
taarto

cuadrado
....
yaajeendi

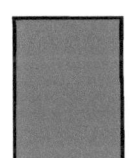

rectángulo
....
yaajo

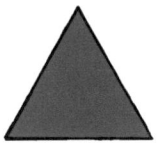

triángulo
....
saraandi

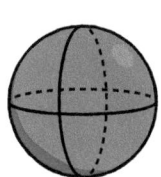

esfera
....
mbiifu

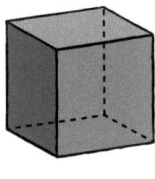

cubo
....
kiibb

blanco

daneejo

amarillo

oolo

naranja

oraas

rosa

roos

rojo

boɗeejo

violeta

mboongu

azul

bulaajo

verde

werte

marrón

cooyo

gris

puro

negro

ɓaleejo

mucho / poco

heewi / seeɗa

enojado / tranquilo

seki / deeyi

lindo / feo

yooɗi / soofi

principio / fin

fuuɗorde / gasirde

grande / chico

mawɗo / tokooso

claro / oscuro

leeri / niɓɓiɗi

hermano / hermana

maniraaɗo / miñiraaɗo

limpio / sucio

laabi / tunwi

completo / incompleto

timmi / manki

día / noche

ñalawma / jamma

muerto / vivo

maayi / wuuri

ancho / angosto

yaaji / faaɗi

comestible / no comestible

nano / nanotaako

malo / amable

boni / moÿÿi

entusiasmado / aburrido

softi / yoomi

gordo / flaco

ɓuttiɗi / sewi

primero / último

adi / wattindi

amigo / enemigo

sehil / gaño

lleno / vacío

heewi / ɓolɗi

duro / blando

muusi / weeɓi

pesado / liviano

teddi / hoyi

hambre / sed

heege / ɗomka

enfermo / sano

faawŋi / selli

ilegal / legal

wona laawol / laawol

inteligente / estúpido

feerti / muddiɗi

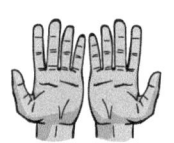

izquierda / derecha

nano / ñaamo

cerca / lejos

ɓatti / woɗɗi

nuevo / usado

keso / kiidɗo

nada / algo

ndiga / huunde

viejo / joven

nayeejo / suka

encendido / apagado

huɓɓi / ñifii

abierto / cerrado

uditi / uddii

silencioso / ruidoso

deeÿi / dille

rico / pobre

aldi / waasi

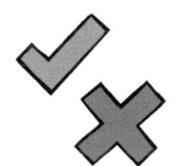

correcto / incorrecto

goonga / fenaande

áspero / suave

tiidi / nooyi

triste / contento

metti / weli

corto / largo

raɓɓidi / juuti

lento / rápido

leeli / yaawi

mojado / seco

leppi / yoori

caliente / frío

wuli / ɓuuɓi

guerra / paz

hare / jam

0

cero

ndiga

1

uno

gooto

2

dos

điđi

3

tres

tati

4

cuatro

nay

5

cinco

joy

6

seis

jeegom

7

siete

jeeđiđi

8

ocho

jeetati

9

nueve

jeenay

10

diez

sappo

11

once

sappoy goo

12

doce

sappoy ɗiɗi

13

trece

sappoy tati

14

catorce

sappoy nay

15

quince

sappoy joy

16

dieciséis

sappoy jeegom

17

diecisiete

sappoy jeeɗiɗi

18

dieciocho

sappoy jeetati

19

diecinueve

sappoy jeenay

20

veinte

noogaas

100

cien

teemedere

1.000

mil

ujunere

1.000.000

millón

miliyooŋ

inglés

Aŋale

inglés americano

Aŋale Amarik

chino mandarín

Mandare Siinaabe

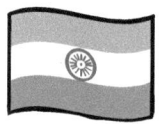

hindi

Hindi

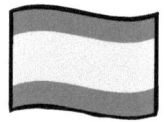

español

Españool

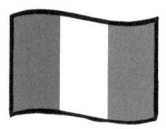

francés

Farayse

árabe

Arab

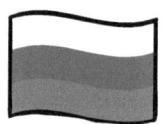

ruso

Riis

portugués

Portigees

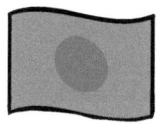

bengalí

Bengali

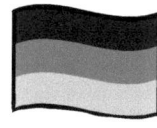

alemán

Almaa

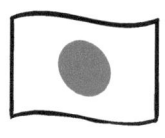

japonés

Sapponee

yo

miin

vos

an

él / ella

kanko / kanko / kanum

nosotros

minen

ustedes

onon

ellos

kamɓe

¿quién?

holoon?

¿qué?

holɗuum?

¿cómo?

holnoon?

¿dónde?

holtoon?

¿cuándo?

mande?

nombre

inde

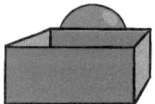

detrás

caggal

en

nder

adelante de

sawndo

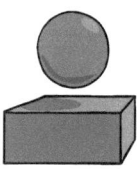

por encima de

dow

sobre

e

debajo de

les

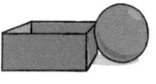

al lado de

sara

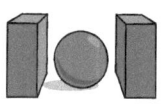

entre

hakkunde

lugar

nokku